幸福生活50招丛书

你的婚姻有多美满?

How Happy is Your Marriage?

50 招让你的婚姻更美满

Great Tips to Make Your Relationship Last Forever

[英] 苏菲·凯勒（Sophie Keller）著

唐梦佳 译

上海交通大学出版社
SHANGHAI JIAO TONG UNIVERSITY PRESS

内 容 提 要

本书为"幸福生活 50 招"丛书之一。

本书主要介绍了婚姻中两性相处的 50 个技巧,内容包括沟通、冲突、孩子、睡眠、情绪、经济问题等各个方面,为婚姻中两性的和谐相处提供了很多切实可行的建议。

书的开头有一个测试婚姻幸福度的问卷,读者可自行测试并根据测试结果选择相应章节阅读。

本书适应在婚姻关系中的两性以及婚姻咨询师阅读。

图书在版编目(CIP)数据

你的婚姻有多美满?:50 招让你的婚姻更美满/(英)凯勒著;唐梦佳译. —上海:上海交通大学出版社,2013
(幸福生活 50 招)
ISBN 978 - 7 - 313 - 09478 - 0

Ⅰ.①你⋯　Ⅱ.①凯⋯②唐⋯　Ⅲ.①婚姻—通俗读物
Ⅳ.①C913. 13 - 49

中国版本图书馆 CIP 数据核字(2013)第 038361 号

你的婚姻有多美满?

50 招让你的婚姻更美满

[英]苏菲·凯勒(Sophie Keller)　著

唐梦佳　译

上海交通大学 出版社出版发行
(上海市番禺路 951 号　邮政编码 200030)
电话:64071208　出版人:韩建民
上海交大印务有限公司印刷　全国新华书店经销
开本:787mm×1092mm　1/32　印张:4.125　字数:72 千字
2013 年 3 月第 1 版　2013 年 3 月第 1 次印刷
印数:1～5030
ISBN 978 - 7 - 313 - 09478 - 0/C　定价:20. 00 元

告读者:如发现本书有印装质量问题请与印刷厂质量科联系
联系电话:021 - 54742979

上海市版权局著作权合同登记号:图字:09－2013－67

献给奥利（Oli）——我此生挚爱，
没有他，我永远无法写成本书

前　言

　　想象一下你今年 14 岁,在学校开始修一门新的课程——婚姻。在这门课程中,你将会学习经营婚姻的 50 招。当你学会了这些小窍门后,剩下的每周课程时间里,就只要和你的同学们一起进行角色演练就行了。就这么简单——其他什么都不用再学,因为这 50 招就是你经营幸福婚姻所需要了解的全部了。你在婚姻课堂上余下的时间,就是反复研究这些小窍门,并且把它们融入到你的生活中,为你将来的婚姻做好准备。

　　这本书清晰地归纳了有助于你们婚姻之树常青的 50 招。我相信如果我们都能学会这些小窍门并且将其付诸实践,世界上将会有更多美满的婚姻!

　　当你阅读这本书的时候,你会注意到有些小窍门你已经能够熟练运用,那么你可以直接跳过它们,但有些技巧对你来说可能是全新的甚至从未想到过的。如果你愿意在你的感情上投入些时间并且熟练掌握这 50 招,那么婚姻给你带来的回报将远远超过你的想象,同时也会给你带来无与伦比的快乐。

想拥有美满的婚姻,你需要一直思考:我现在所做的对于我们的感情关系,在将来的一小时、一天、一个月、一年,甚至一生,会有什么影响? 总体上我的经验法则是:如果你对伴侣所说所做的会对你们的关系产生积极的影响,那就去做;如果不能,或者你还不确定,那就要再三考虑一下这暂时的满足感是否真的值得你去冒险。

想让你的婚姻美满,你也要有好的倾听技巧,因为促使婚姻美满的因素中,一半都跟能够倾听并回应你的伴侣有关。你们还要能抓住一切机会全心全意为彼此付出,为达成一致而不懈努力,让彼此都成长为能够成为的最出色的人。

我的丈夫奥利经常说起多年前的一个故事,那时他参加朋友的父母莉兹(Liz)和修(Hugh)的 30 周年结婚纪念日聚会。奥利坐在莉兹身边,看着修最好的朋友——年近 60 的斯蒂夫(Steve),正和他带来参加聚会的一位年轻的金发碧眼的美女跳舞、亲吻和调情。可就在 6 个月之前,奥利才刚刚见过斯蒂夫在另一场聚会中和另一位美女做着差不多同样的事。

当时才 20 岁出头的奥利对莉兹说:"哇哦,斯蒂夫是个最酷的真男人! 每次我见到他,总有不同的女人陪着他,而且都那么性感迷人。"

莉兹用难以置信的眼神看着奥利说,"奥利,每次找不同的漂亮女孩儿,跟她相处几天或者几个礼拜,在这么短的时间内让她觉得快乐和满足,这其实真的很简单。你想知道谁才是这里最酷的男人吗?"莉兹指着她的丈夫说,"是修。修让我在身体上和心灵上都快乐了 30 年。一个男人如果能让一个女人快乐如此长久,那他才是个真男人。"

而我这本书,也就是想要帮助你们拥有一段美满的婚姻。所以慢慢来,研读这些小窍门,更重要的是去实践它们。它们真的很管用。需要的话可以每次学习一个,然后在未来的一星期或者一个月内去运用它,让它在不知不觉中融入你的生活,然后再学习下一个。在你的婚姻关系上投入些时间和注意力吧,你会发现它真的会给你很高的回报。你们的关系会茁壮成长,未来你和你的伴侣会给彼此带来更多的幸福。

祝大家好运,记得告诉我进展如何。

爱你们的苏菲

目　录

小测试：你的婚姻有多美满？

　　阅读每一个问题，圈出那个最能描述你和你们婚姻关系的答案。如果根据你的答案，你们的关系中有一些需要改善的地方，就在书中找到相应的对策，然后开始创造一段更加美满的婚姻吧。记得每次学习一招！

　　圈出最准确的答案，然后翻到96页查看测试结果。

1. 以下哪一项最准确地描述了你们的关系?

　　A　具有挑战性，令人沮丧，有时不太稳定。我们经常难以沟通。

　　B　充满爱，乐于沟通，快乐。我们共同成长。

　　C　无趣，沉默寡言，有彼此分离的感觉。我们都感到有点孤独。

2. 你们如何处理意见不一或者争吵?

    A 我们都能冷静倾听,承认对方的正确观点,并实事求是地回应。

    B 我们俩或其中一位会压制自己的感受,用沉默来回应对方。

    C 我们俩或其中一位会表现激烈,易怒,且一直试图说服对方。

3. 你觉得你的伴侣能倾听并且完全理解你吗?

    A 在有些事情上是的,其他一些事情上就不是。

    B 我觉得自己从未被理解,并且我很难对我的伴侣表达自己。

    C 是的,完全理解。

4. 你的伴侣有多了解你?

    A 我有很多秘密,总的来说我很难跟我的伴侣分享所有的心事。

    B 我很坦诚,我的伴侣知道我所有的事。

    C 我有一些秘密不愿让我的伴侣知晓。

5. 你可以轻松地跟你的伴侣谈论性吗?

    A 我们会非常坦率轻松地谈论这个话题。

    B 我们从不谈论这个,这是我们忌讳的话题。

    C 我们其中一位很坦率,而另一位很避讳。

6. 你对你和伴侣之间的性爱频率满意吗？

A 不满意，我常希望更多。

B 我的伴侣比我想要的更多。

C 我们俩对性生活和频率都很满意。

7. 你对你们性生活中的创新性和新鲜感满意吗？

A 有些东西我们一个人希望尝试，而另一个不希望。

B 有时会觉得无聊而增加一些情趣。

C 我们的性生活快乐、坦率和默契。

8. 你们能够平衡相聚和分开的时间吗？

A 我们在一起的时间太多了，简直有点让彼此窒息。

B 很平衡，我们相聚和分开都能过得很好。

C 我们在一起的时间不够。

9. 如果你的伴侣做了让你恼火的事，你会怎么做？

A 马上告诉你的伴侣他惹怒了你。

B 当时不说什么但会记下来，过后再与他算账。

C 如果真的很重要就指出来，如果不重要就让它过去。

10. 如果你的伴侣指出你做了让她不安的事，你会怎么做？

A 为自己辩护，让自己成为"对"的一方，小题大做。

B 为她的不安而感到不安,将注意力转移到自己身上。

C 马上说对不起,希望你的伴侣能原谅你。

11. 如果你的伴侣为他所做的事向你道歉,你会怎么做?

A 原谅他并且很快让事情过去。

B 骗他说这不重要,他不需要道歉,但实际上这对你很重要。

C 接受他的道歉,但还是对他生气很多天。

12. 如果你的伴侣在公众场合说了些荒唐的话,你会怎么做?

A 向其他人道歉,告诉他们你的伴侣有时候会说错话。

B 不管她是对是错,坚决地支持你的伴侣,毕竟她是你的另一半。

C 当时什么都不说,之后私下里再跟你的伴侣讨论。

13. 你希望可以给你伴侣更多的是什么?

A 我的时间和关心。

B 身体上的关注/或是性。

C 我能够给我的伴侣足够的身体上的关注,陪伴的时间和真挚的爱。

14. 当你们在争吵时,你会不会做出一些无谓的威胁,其实却并不真的希望那样?

A 总是。

B 从不。

C 有时会,只是为了激怒对方,看她如何反应。

15. 当你们经历生活中的挫折,比如失业,失去所爱的人,或者健康问题时,你觉得:

A 挫折让你们更亲密,并且一起去面对它。

B 你开始质疑你们的关系,因为压力让你们疏远了。

C 你们越来越多地争吵。

16. 分开了一天,你们会:

A 相遇的时候几乎认不出对方。

B 一看到对方就给对方一个问候的亲吻或拥抱。

C 有时候热情地迎接对方,有时候不这样。

17. 当你的伴侣告诉你他要和几个朋友在外面过周末时,你会:

A 试图让他邀请自己同去。

B 不愿意让他去而大吵大闹。

C 让他去并祝他玩得开心。

18. 你是否认为你和你的伴侣把对方最美好的一面激发出来了？

A 不是，我们经常争吵，使彼此过着不健康的生活。

B 有时候我们很好，但其他时候不是。

C 是的，我们在一起以后变得比原来一个人的时候更好。

19. 除了养育孩子以外，你们有多少兴趣爱好可以分享？

A 没有。

B 是有一些，但是我们需要更多。

C 我们有很多共同的兴趣爱好。

20. 当你和伴侣交谈时，你会注意你的措辞吗？

A 我不大注意这个，只是想到什么说什么。

B 我很注意我的措辞以及语言表达方式。

C 是的，但我总是说错话，或者用了错误的方式表达，并在不经意间伤害了我的伴侣。

21. 如果你感觉到你们的关系已经偏离正轨并且日渐疏远，你会：

A 想清楚这一切并不是你希望的，努力为彼此创造更多更好的相处机会，来增进你们的感情。

B 想象这也许是关系走向终点的预兆。

C 表明自己很无助，毕竟合久必分，自己也无法避免。

22. 如果你在公司度过了糟糕的一天,回到家,你会:

A 因为自己心情不好而故意挑起争吵,与你的伴侣冷战。

B 压抑自己的情绪,瞒着对方,试着自己解决问题。

C 告诉你的伴侣这天发生了什么,倾诉出来并甩掉你的坏情绪,然后一起度过一个美好的夜晚。

23. 你们在一起睡眠如何?

A 我们睡眠习惯有冲突,就是说,其中一位打呼噜、多动,或者常常让对方无法入眠。

B 有时候睡得很好,有时候不太好,但我们能应付。

C 我们在一起睡眠很好,都能得到充分的休息。

24. 当你和伴侣相处时间越久,你会感觉:

A 你们的关系变得令人厌倦。

B 你们在共同进步和成长。

C 你们暂时正在变得疏远,但是你们深信不用花什么精力就能回到正轨。

25. 如果有孩子的话,你们多久会像一对情侣一样,单独享受浪漫的约会?

A 幸运的话每个月一次。

B 可能一年有几次,或者根本没有。

C 至少一周一次。

1

婚姻如花般绽放

婚姻是由两个活生生的人构成的，每个人都在不停地变化和发展。所以你们的关系也是一种相互平衡的过程，因为两个人都处在不断的变动当中。

就像一株鲜花，你们的关系会在适当的时间按照自己的节奏生长绽放。你永远无法硬推着它更快前进，就好像你不能拔苗助长一样。它需要你善解人意、体贴入微，需要你的耐心、倾听和无尽的付出。同样，就像一株鲜花，你们的关系也有它自己的春夏秋冬。有时候它快速成长，有时又停滞不前。有时候如逢干旱萎靡不振，而有时又枝繁叶茂，轻松地达到了新的高度。从不需要你刻意给它少浇水或者多施肥。

婚姻会让你比单身的时候更加了解自己，因为你的伴侣就像是为你竖了一面镜子，你能从中清楚地看到自己需要成长和完善的地方。对彼此的信任会相互引导对方。两个人在一起，会让你比一个人的时候更坚强，更自由。

2 正确的性爱频率

　　放轻松,婚姻中性爱的多少并没有对错之分。每对夫妻都不同,每个人对性爱的要求也不一样。所以只要你们能够达成一致并且对性爱的频率都满意,那么你们就已经做得很好了。性爱通常是人们避讳的话题,问别人性爱的频率就像打听别人有多少财富一样,都会被认为是粗鲁的或没有教养。但性爱只是生活的一部分,我们不用因为谈论它而觉得尴尬。我认识许多相处很好的夫妻每周做爱三次甚至更多,也有很多夫妻没那么频繁。理想的状况是,你和你的伴侣想要的频率差不多。

　　但是,如果你们想要的频率不一样,那就真得好好谈谈,让彼此的需求都能得到满足。你们俩是否都能接受一周两次、三次甚至每天的性爱? 我的一个朋友告诉我,有一天她去教堂,布道的内容正是关于性爱。牧师对众人说:"我和妻子每周做爱三次,那是我希望并且也需要去做的。我们都很忙，所以会事先确定好日期和时间，以保证我们的需求都能得到满足。所以比如说这次布道结束后，我们就会做爱。(这一点上他可说得有点太多了吧!)但你们都要清楚地知道自己想要的是什么，然后让自己得到满足。"(当然，这样的布道只可能在加利福尼亚听到!)

如果你觉得谈论性爱和你的需求难以启齿，那么开始这场谈话最好的方式如下：

1. 非常清楚自己想要的是什么。这可能意味着在谈话之前需要花点时间把你的想法写下来，以便你能更好地表达自己。

2. 选择一个你们俩都很放松并且感觉很亲密的时候再谈论它，避免在你们中的一个人匆匆忙忙或者正好有事在身的时候来讨论。

3. 用积极的方式开始这场谈话。性爱对于某些人来说是个非常敏感的话题。如果你们已经发现需求不一致，一个想要一周五次，而另一个希望一周一次，那么尽你所能去理解对方的需求，并且达成一个对双方来说都能接受的结果。可能这意味着你们会同意一周两次和一周三次交替。你真的不必因为伴侣跟你的需求不一致而责怪对方，你们都想要达成一致，从而能够满足彼此的需求。性爱在你们的生活中非常重要,你们都得准备好为对方作出改变。

4. 坦率地谈论能够为你们的性生活带来更多趣味和新鲜感的方式。这有助于增加情趣,如果你们中的一位对性爱的需求相对较少,这也可能会让他/她因此想要更多。

5. 让这场谈话坦诚而充满关爱,给你的伴侣足够的时间作出反应并表达出他/她的想法,而不要去打断他/她。

性爱对于我们大多数人来说,都是婚姻关系中不可或缺的一部分。作为夫妻,身体上的亲密会为你们带来情感上、思想上和精神上的亲密。所以即使有了孩子,让你觉得属于你们两个人的时间很有限,你们也必须为性爱留出时间,这样你们的婚姻关系才永远会是最棒的。

所以不要因为害羞而不去谈论性爱,为它留出时间,必要的话好好计划一下,确保你们夫妻之间的生理需求都能得到满足!

3 聪明地"争吵"

谨慎对待你和伴侣之间的争吵，不要无论对方做什么都挑剔他，这会让他在你身边感到不自在。在一段婚姻中，必须要学会不去计较那些鸡毛蒜皮的小事。

当你真的想要跟伴侣谈谈让你烦恼的事，记得不要攻击或者责骂他，而要发自内心地告诉他这件事给你造成了多大的困扰以及让你难过的原因。如果你选择站在一个弱势的立场，而不是愤怒相向，则会更加有效地解决问题，也不容易引发争执。

想象一下就像做三明治一样提出你的意见。开始先说一些鼓励的话语，比如说赞美对方在某些方面确实做得很好，然后再提出意见，用直接而客观的方式解释一下你希望对方在哪方面做得更好，最后再用赞美和肯定的话语收尾。把你的意见用这种"三明治"的方式表达出来，你的伴侣就不会有被攻击的感觉。温柔地对待你的伴侣,如果他觉得你欣赏他,他会更愿意去做你希望他做的事。就像著名的谚语说的:"用蜂蜜比用醋能捉到更多的苍蝇"。

4 说"对不起"

如果你做错了事,那就说"对不起",并且要赶快说出来,这样才能在任何情况下及时消除分歧,免得你们纠结于这个问题吵上几个小时,有时甚至在争吵结束前就忘了到底为何争吵。

有些人觉得要说出"对不起"特别困难,即使他们知道自己做了让对方难过的事。这源于他们害怕犯错的心理,并且妄想自己永远都是对的。

如果你觉得你的伴侣是个很难去说"对不起"的人,而你自己反而比较容易,那么即使在你确定是对方错了的时候,也该由你先开始说对不起。

一种方法是说:"很抱歉我们吵架了,我最不希望的就是让你难过。"在这种情况下,"对不起"这三个字已经说了出来,而你并没有撒谎,也没有把对方的责任揽到自己身上。这样你就开启了这场对话,你的伴侣也会让"对不起"脱口而出。这样的话没有人需要作出妥协,你的伴侣也更容易地说出了"对不起",往往争执也就到此为止了。

大部分争吵相对于你们关系中的长远目标来说,都是微不足道的。要记得你希望你们的婚姻是一生一世的,所以当你请求原谅的时候,脑海中要想着大的愿景。如果你觉得说"对不起"并不真诚,因为你真的不认为自己错了,那么你还是可以说,"很抱歉我们吵架了",然后接着说,"我真心希望我们能更好,只是有时我们误会了对方,这真让人难过"。通过这种方式,你说了对不起,但不是很直接,也并没有承认错误。

如果你的伴侣对你生气了,那么好好听听她想说什么,很可能她确实有理由生气。想想你们的长远目标,然后再决定是逞强一时好,还是说"对不起"更重要。

5 原谅

就像做错了事要说"对不起"一样,当对方道歉的时候,真诚地接受对方的歉意同样重要。如果你的伴侣为某事向你说"对不起",那就原谅他(当然除非是某些影响到你们关系的原则性问题,比如说外遇)。把宝贵的时间浪费在记仇上没有任何意义,那会很累,而且你的愤怒只会与日俱增,最终伤害到你们的关系。

当你的伴侣真心说"对不起"的时候,你应该相信他。如果做个调查,你会发现那些拥有美满婚姻的夫妻,都会很快原谅对方。他们也会争吵,把情绪都发泄出来,但会原谅对方,然后就和好如初。

如果你是那种会把怨气积压在心里很多天的人,那么停止!马上停止!这对你爱的人不公平。你不能在对方已经说了"对不起"以后,还让他难受。所以不要再生气了,让不开心的事烟消云散吧!

6 正确处理分歧

在婚姻关系中，存在意见不一是很正常的，这一点儿都没错，只要你们能够尽快并且简单地处理它，而不要把怨气埋在心底。当然你不会希望老是争吵，毕竟这不该是美满婚姻的主旋律，但是你也不应该害怕把心里的想法表达出来，所以重要的是你如何去表达。

我担心的是有些夫妻从来不起争执，因为我总是想，他们到底日积月累地在心里埋藏了多少不满。我曾经有个男朋友，我们从来不吵架，但那也不是一段完美的感情并且最后无疾而终，归根究底还是因为彼此间那些从未说出口的话。其实，如果你不赞同对方，你可以用一种健康而有效的方式来处理。

这里有一些建议，能帮助你正确处理争执：

就事论事

避开过去发生的一切。在一场争执中,要始终围绕你们当下意见不一致的地方,而不是三个月前发生的某件事。如果你老爱把以前让你不能释怀的陈年旧账翻出来,那可不是件好事儿。它会给你火上浇油,会让你们的分歧变得愈加严重而难以解决,结果就是吵到不可收拾的地步。

保持冷静

意见有分歧未必就非得吵架,你们可以尝试用理智与平静的方式来解决,比如你们可以坐下来谈谈,去谅解和倾听对方,这样也能达成一致。

有时你要承认对方有不同的看法,而不要为此烦恼,也不要主观地评判对方的意见。每个人都是独一无二的,正是这样才让我们的世界如此缤纷多彩、形形色色和充满创造力。所以,对于你伴侣的想法应该多一些好奇和兴趣,而不是批评或是为了她跟你想得不一样而烦恼。

三思而后行

这世上很可能只有 0.000 000 1% 的争吵是因为生死攸关的大事。事实上,你回头想想就会发现,你们大多数的分歧都源于鸡毛蒜皮的小事。一年以后,你再来回想今天他没有从地板上捡起自己的袜子,或者没有时间收拾家里的食品柜,这些事真的还那么重要吗? 即使你回想一下去年你们吵过的几次架,你很可能都忘了当时到底是为了什么而争吵,因为实际上它们根本不重要!

　　所以,必要的时候要提出你的反对意见,但别老是这样,小事情就尽快让它们过去吧。

7

达成一致，而非妥协

妥协几乎是所有人都不想做的事情之一，因为这意味着你没有得到你想要的。然且很多时候听人说到婚姻，他们都会提到为对方妥协。

我从来都不喜欢"妥协"这个字眼，它听起来就让人感到压抑，暗示着为了对方而牺牲自己的需求。所以我想用"达成一致"来代替"妥协"。妥协这个词意味着我的愿望被剥夺，而达成一致则意味着我的意愿是自由的，我和伴侣做出了对我们俩都好的决定。在做决定时，我们都能考虑到对方，我们的目的是为了照顾彼此的需求，让结果对双方都好。

这是不是听起来比妥协让人愉悦多了？下一次你们碰到意见分歧的时候，试着去达成一致，而不是相互妥协，你会发现这样更容易——而且你们都会感觉好极了。

8 不要当心理医生

　　不管你的伴侣正在处理什么麻烦的状况，你都不要去扮演心理医生的角色，不然会使你们的关系失去活力，并且打破原有的平衡。当然在对方经历挫折的时候，你会想要去支持他，但是做一个支持他的伴侣跟做个心理医生之间是有区别的。

　　给对方空间，让他自己去解决问题，同时让他知道你全心全意地支持他，这是做一个支持他的伴侣而不是心理医生的两个最好的途径。如果他有兴趣的话，你甚至可以推荐一个真正的心理医生给他。偶尔用轻松客观的方式给你的伴侣一些建议也不错，只是必须在他征求你意见的时候才能这么做。但是当面对一些根深蒂固的心理问题的时候，要让你的伴侣去寻求别人的帮助。因为如果你成了你另一半的心理医生，你们的关系容易从爱人变成父母与孩子的模式，这对你们的性生活可没什么好处！

9 永远的统一战线

永远不要在别人面前伤害你的伴侣,比如透露一些他/她的隐私,或者批评他/她,或者是当他/她跟别人起矛盾的时候胳膊肘向外拐。这些不仅会让你显得不忠诚,还会深深地伤害到你们的关系。

当你们结婚后,你们就进入到一种伙伴的关系——你们成为了一个团队。要让这个团队强大,你们就要紧密地团结在一起,形成统一战线。如果你并不赞同你的另一半在别人面前说的话(这即使在那些最美满的婚姻关系中也时常发生),就保持沉默,除非别人要求你就此发表看法,那就简单地说你的伴侣很有自己独到的见解,你尽可以之后私下再跟对方讨论你的看法。

10 不要爱上未来的他/她

爱上你伴侣的未来会非常危险。你要对现在与你结婚的这个人满意，而不是你希望他/她将来会成为什么样，或者将来他/她能够做什么。爱上一个人的潜质会让你忽视他/她现在已经是一个很棒的人，会让你不断地给他/她施压来达到你为他/她设定的目标。

可能你的伴侣并不擅长你认为他/她擅长做的事。比如说，你是不是希望他/她能多用肢体接触来表达爱意或者更多地拥抱你？如果他/她从来不习惯这样做怎么办？可能他/她生来就是习惯于用其他非身体接触的方式来表达他/她的爱。

所以寄希望于你的伴侣成为你喜欢的样子，不如看看你有哪些地方也没有达到自己的期望。你的伴侣不需要去达到你为他设定的目标。人们会因为他们自己的需

要而改变,而不是因为其他人希望他们改变而改变。当
他们决心要改变时,他们会在自己认为合适的时间用自
己的方式去做到。

11 全心付出

在你们的婚姻关系中,你需要问自己的一个最重要的问题是:"我能为之付出什么?"而不是"我能从中得到什么?"这样才能一直增进你们的婚姻关系。

让婚姻美满的一个主要途径,就是抓住每一个机会为对方付出。当然,你们双方都要这样做,你们的关系才能够平衡。我并不是说完全不索取,而是说不管做什么,都要把对方放在心上。

让你的伴侣感觉被疼爱和与众不同其实很简单,只要从小事做起,重要的是能够尽可能多地去做。比如说,你的妻子刚刚剪了头发,那就告诉她效果很棒;如果你认为她穿某件衣服很合适,一定要告诉她你觉得她看上去有多漂亮;偷偷出去给她买她最爱吃的巧克力;亲手为她做她最爱吃的菜;主动为她做个脚底按摩;或者看电影的时候紧紧地握住她的手。留意她为你所做的一切并表示感谢,同时尽可能多地为她付出。让彼此快乐真的很简单,只要心里总是装着对方就好。

我从小在伦敦长大,记得那时有个雀巢 Rolos 巧克力太妃糖的广告,让我印象非常深刻。它的宣传语是:"你会把最后一颗 Rolo 糖给你最爱的人吗?"广告中把最后一颗 Rolo 糖给你的爱人意味着最后的付出,不知怎的,我常常会想起这则广告。我会尽力把我的"最后一颗 Rolo 糖"给奥利,但要让婚姻长久,这是双方都必须去做的。想想看——如果你们俩都把"最后一颗 Rolo 糖"留给对方,那么你们就都能收获幸福!

12 不要批评别人，以免被人批评

　　不要因为你的伴侣跟你不同而对他/她妄加评判，让他/她成为他/她自己，而不要去批评他/她。批评只会让对方内心的不满与日俱增，最后让双方都不开心。

　　没有人是十全十美的，每个人都有自己的缺点，尽管对方有这样那样的缺点，你还是爱上了你的另一半，甚至有可能就是因为这些小缺点而爱上了他/她！你必须记得你们俩成长的环境不同，你们有着不同的基因，或者来自不同的文化背景。可能你们中的一个是独生子女，而另一个有着7个兄弟姐妹，所以你们看世界的角度就不一样，处事方式也会不同。

　　你不会希望跟一个自己的翻版结婚的。如果你对自己本身已经很满意，那又何必让你自己和你的克隆体同在一个屋檐下生活呢？想想这个，让你的另一半喘口气吧。刚开始认识的时候，对方身上一些与众不同的地方显得那么可爱,而随着时间的推移会慢慢沦落成令人讨厌的缺点。但是尽量让你自己回忆一下初次见面时,对方身上的小缺点是多么讨人喜欢,这样你又会重新爱上它们。

我的母亲在这方面做得很好。她几乎从来不说我父亲的不是,偶尔和他生气了,她会说:"哦,理查德让我很难过,他真是太固执了。"但就在下一秒,她就会紧接着说,"他可真是个好人!"因为她知道也正是他的固执,才会让他对她如此忠贞不渝。

同样的,无论何时,当你发现自己在评判你的伴侣时,先停下来想一想,然后把关注点集中到他/她最好的品质和他/她做得最棒的事情上。

无论什么时候,你总是要能快速列举出 10 个你的伴侣让你最爱的品质。想出 10 个(或者更多)你确实爱他/她的地方,写下来(写在这里或另外的本子上),让它们时刻占据你脑海中最重要的位置。当你想要批评或评判对方的时候,先停下来,回想一下这些你爱他的地方。然后在一些你们非常亲密的时刻,把他/她最吸引你的品质告诉他/她。你会发现,这让他/她格外感激并且更加了解他/她自己是什么样的人。你也会发觉,这种爱和欣赏将转回到你自己的身上。

十个我钟爱_____的品质:

13 了解彼此的主要感官

　　虽然我们会使用自己所有的感官,但大多数人都会运用一种主要感官或者感官组合进行交流。在婚姻关系中,理解你和你的伴侣表达爱意的方式能帮助你们更好地交流,也能让你更清楚地表达自己。我们都有以下五种感官:

视觉——你看到的

听觉——你听到的

触觉——你感受到的

味觉——你尝到的

嗅觉——你闻到的

　　其中的三种——视觉、听觉和触觉——是主要的感官,我们每个人都会偏爱使用其中的一种(味觉和嗅觉相对不占据主导地位,所以在学习和交流中不会起到主要的作用)。我们总是同时使用这些感官,虽然我们未必会意识到这一点,通常其中一种感官最强烈,从而主导了其他的感官。

通过听对方说话时使用的词语,就可以辨别你的伴侣是哪种类型感官的人。比如:

视觉人

视觉感官的人经常会使用看上去、关注、眼光、看法、前景、显示、表现、证明、澄清或者检查等这类字眼,还会经常运用下面这些短语:

> 我看出你的意思了
> 这对我来说看上去像是……
> 我们凝视着对方
> 向我证明你说的话
> 前途看起来一片光明

视觉人用看到的和做到的来交流,他/她会为你或者和你一起做一些事来表达他/她的爱意。这种类型的人,你给他/她买礼物,为他/她做饭或者帮他/她做些家务,最能让他/她感受到你的爱意。

听觉人

听觉感官的人经常会使用说、共鸣、听起来、清楚、讨论、语调、节奏、倾听、倾诉、刺耳或者和谐这类字眼,还会经常使用下面这些短语：

> 按铃
> 大声而清楚
> 悦耳的音乐
> 从来没听说过
> 听起来不错

听觉人用交谈和倾听的方式来沟通，他们会和你分享观点和想法来表达爱意。如果你能常常跟他/她交谈甚笃，并且告诉他/她你有多爱他/她多欣赏他/她，这样最能让他/她感受到你的爱。

触觉人

触觉感官的人经常会使用触摸、操作、压力、紧张、抓住、温暖、柔和、具体、处理和沉重这类字眼，还会经常使用下面这些短语：

> 我会跟你联系
> 坚持一下
> 我无法确切地指出
> 我能理解这个想法
> 我发自内心地感到

触觉人用他/她的肢体来交流,喜欢用身体语言来表达。他/她会用触摸和拥抱的方式来表达爱意。如果你亲吻他/她,轻轻抚摸他/她的背,牵起他/她的手或者撩拨他/她的头发,这样最能让他/她感受到你的爱。

你主要的感官会反映出你表达自己和感受爱意的方式。比如说,我就是个非常感性的人,我的主要感官是触觉。所以当奥利牵起我的手,按摩我的双脚或者用手臂环绕着我的时候,我最能感受到他的爱。而他是个听觉人,对声音非常敏感,所以当我告诉他我有多爱他,或者他看起来有多帅并且证明这一点的时候,他最为感动。

可能你会觉得你的伴侣并没有用你希望的方式表达他的爱:他不会在适当的时候拥抱你,也不会用你喜欢的方式触摸你。但是很可能他正在用他自己的方式爱着你,比如他可能喜欢带你出去吃饭,或者他喜欢去赞美你。如果你是个触觉发达的人并且习惯于通过肢体接触来感受爱——拥抱、做爱或是依偎在他身边——而你的伴侣只是经常带你出去吃饭,或只是经常告诉你他有多爱你却并没有那么多的肢体表达,你就会觉得自己的需要没有完全得到满足。

那么你是个什么感官的人呢?在什么时候你最能体会到对方的爱呢?告诉你的伴侣,这样他才能努力用你最能理解的方式去表达他的爱。

另一方面,也有可能你的另一半是个触觉人,但你自己却希望收到鲜花或是一起出去吃饭来感受对方的爱。通过发现你伴侣的需要是什么，你就能更好地回应他。反过来，通过了解你是什么感官的人，你的伴侣也才能更好地回应你。

你的另一半是什么感官的人呢？如果他喜欢被触摸，那么就多拥抱他吧。如果他是听觉型的，那么就多在他耳边倾诉衷肠吧。如果他是视觉型的，那么就多给他买些小礼物或者为他盛装打扮一番。当然，你也可以一个不落，全都做到！

14 爱上现实，而非幻想

你的伴侣是那个你一直憧憬着想要结婚的对象吗？还是和你梦想中的另一半完全不一样呢？要爱你眼前的这个他/她，而不是你脑海中想象出来的另一个他/她。幻想你和一个十全十美的人在一起很容易，但是这样的幻想只会让你总是找借口不去努力缔造美满的婚姻。

结婚前我觉得奥利弗跟我理想中的伴侣非常接近，但是刚结婚的那几个月里，我不得不努力把现实中的他和我想象中的他融合起来。以前我可从没想过会和一个呼噜打得这么响吵得我都没法睡觉的人结婚，也从没想过会跟一个对吃进嘴里的东西完全不在意的人结婚。但是，我也从没想过会和一个像他那么善良、慷慨、忠诚、温暖和宽容的人结婚。所以我很快发现相对于整体来说，他那些外在的小缺点简直微不足道，我完全可以接受，因为我觉得自己已经捡到宝了！

可能你想要对方拥有的那些品质她/他并不全有,所以你会非常挑剔。如果是这样的话,很可能你的要求就是不现实的,这是你自己的问题,而不是她/他的问题;也许是你自己有一些心理创伤需要痊愈,而不是她/他。一个人很难完全按照另一个人的期望来生活,如果你有一些不合理的幻想,那么你就是在伤害你们的婚姻。很多时候,你原本想要找的另一半跟你实际在一起的那个人根本不是一种类型。那么现在,拜托你写下 5 个你最爱她/他的品质,暂时忘了她/他那些不可爱的地方吧!

_____的 5 个最可爱的品质是:

15 使用话语权杖

话语权杖是许多印第安人开会时使用的一种传统工具。它让所有的与会成员都有机会表达他们的观点。这个话语权杖会从一个人传递到另一个人手中，而只有手执权杖的人才可以说话，其他人必须认真倾听而不能打断他，直到拿到这个权杖才能开始讲话。通过这种方式，印第安人的孩子们从三岁开始就学会倾听别人并且尊重对方的观点，即使他们并不赞同。

如果你们曾经用更大的声音压过对方，或者你们的讨论有升级为争吵的倾向，或者你觉得对方根本就不在听你说，那么话语权杖就是个很好的沟通方式，它会为你们的婚姻关系节省很多的时间和精力，免去诸多让人心痛的时刻。

找一个象征神圣的物件，把它作为你们的话语权杖。拿着这个权杖的人才可以说话，而另一位必须认真倾听。

当手执权杖的人说完了(说的人自己决定什么时候算说完),就把这个权杖交给耐心倾听的另一方,让对方也有机会来表达自己而不被打断。当说话的人认为自己已经说完,就再把权杖交还给第一个人。这个权杖可以来来回回地传递,直到你们俩都把自己的想法表达了出来,并且也轮流倾听了对方。

　　如果你们之间在倾听方面存在着问题——那么就可以使用这个话语权杖的方法,因为这可以让你们双方的想法都得到聆听。这能挽救很多婚姻,也包括你的!

16 不要揭开魔术的奥秘

如果你们的婚姻很美满,就不要过多地去分析它,也不要试图揭开它的奥秘所在。两个人之间的吸引力很难用人类的语言,确切地说,很难用有限的表达方式来描述。婚姻关系是情感上、精神上、心理上和身体上的统一,往往当你试图把它们割裂开来看时,就失去了它那神秘的美感。婚姻就像一个魔术:当你知道了魔术里的那个女人看上去被锯成两段到底是怎么一回事,它也就不再吸引人了。

你不必去分析你们的关系为什么或者怎么会如此美满。当两个人走到一起,就形成了一个"第三者"。这个神秘的"第三者"是把你们两人的性格特征,两人的优点与缺陷,统统糅合到一起,在你们关系中无形地生成的合二为一的另一个人。

而往往当你过多地去思考两个人在一起的神奇的感

觉时,你会毁掉那份美好。所以不要去分析为什么你们会幸福,只要充分相信这个事实,相信你们俩已经创造了一个美妙而神秘的"第三者"。

17 关注你们的性生活

性爱是每个婚姻关系中非常重要的一部分，拥有高质量的性生活是美满婚姻的基本要素。性爱是人们最亲密的沟通方式。如果你们性生活不和谐，通常并不是因为身体的相互吸引力不够，而是因为你们不能很好地沟通。性生活的缺乏其实是缺乏沟通的生理体现：这跟你心里有想法却没有对你的伴侣倾诉有关。

你们之间一定是相互吸引的（否则你们不会结婚）。让这种吸引力生生不息的最好方法，就是确保你和你的伴侣之间毫无保留地坦诚相待。无论是多么小的事，你会发现，抛开芥蒂轻松地与伴侣谈论它，会让你们更加亲密。要一直关爱对方，一直为对方付出，一直相互交谈，记得你们正在人生旅途上携手并肩而行。花时间享受性爱吧，这样你们会更好地保持亲密，坦诚无间。

18 抓紧无形的红绳

当你们结婚后，无形之中会有一根红绳牵起了你和你的伴侣。当你们一起经历人生的起起落落时，你们都成长并改变着，但是你必须永远牢牢抓住这根红绳属于你的那一端。当你们争吵或是意见分歧的时候，永远不要以任何方式，错误地拿你们的婚姻作威胁，说一些类似这样的话："好吧，可能我们根本不该在一起"，或者"可能我们应该分开"，如果你内心深处并不希望所言成真的话，就不要如此轻率地说出这样严重的话。出于愤怒和伤心说出这样的话，会绷紧你们之间的那根红绳，让你们的关系承受不必要的危险。

如果你们紧紧抓住那根红绳，久而久之，它会变得越来越结实和稳固。你们结婚是因为彼此相爱，那就全心全意为对方付出，尽量去达成一致，必要的时候说对不起,然后原谅对方,就像一个真正的团队一样。希望你们一同走过漫长的人生旅程,所以要牵着对方的手,最重要的是,要抓紧这根看不见的红绳。

19 情绪分工

人生充满了艰难险阻，而这些波澜起伏可能让你们更加亲密，也可能让你们彼此疏远，这完全取决于你！你们的婚姻以各种方式经受着考验，而美满婚姻给你带来最大的好处就是，你不必再独自面对生活中的各种困难。在情绪上完美配合，有助于在困难时期巩固你们的关系，而不是让关系变得紧张。

你和你的伴侣总会经历一些挫折，比如失业，或是父母过世，或是经济问题。当一件负面的事情影响到你们的时候，无论那是什么事，你们中的一位必须非常坚强并且站出来独当一面。你们两人不能同时陷于悲伤沮丧中不能自拔，而要学会轮流扮演坚强和软弱的角色，这样你们当中总有一个人可以帮到另一个。

当我的丈夫失业的时候，尽管那在很大程度上也影响到了我，但他才是那个真正失业的人，所以无论面临多么无法想象的困难,我也必须为了我们俩变得勇敢坚强。我们都很难过,但是他更难过,因为是他失去了工作。我意识到了这一点,就尽可能地把我自己的情绪放在一边,全心全意地支持他。当我怀孕 5 个月的时候流产了,虽然奥利也很伤心,但是他知道我比他更加伤心,因为是我在孕育那个孩子。所以,他决定尽可能地坚强起来,并且帮助我走出悲伤的阴霾。等我情绪稳定以后,他也会用一种不同的方式处理自己的感情,而我会在一边支持他。

为了让你们的感情在困难时期也能历久弥坚,你们要在情绪上有所分工,并且努力在不同的情况下扮演好不同的角色,从而保持平衡。有时候要做到这一点真的很难,但是对于长远的和谐关系来说非常重要。在任何困难的状况下,你们的目标都是要让你们的生活尽快回到正轨,而这种平衡则是达到目标的关键。

想象一下你们俩坐在跷跷板的两端——一个人往下降,另一个人就会自然地慢慢上升直到恢复平稳,这样才能让两边都处在最完美的水平。你们会一直试图恢复平衡,而你们如何一起经历挫折,恰恰反映了你们之间的关系。

失去孩子可能让我们变得疏远,但事实上反而把我们拉得更近;奥利的失业,本来可能会影响到我们的生活,但他知道他可以依靠我,而且那段经历让他在许多方面表现出了创造力,发掘出了其他潜能,也有更多的时间跟我们新生的宝宝在一起,并且让一个新的项目得以顺利启航。最后,我们创造了一个更加稳固的家庭。

20 细节决定成败

　　让婚姻美满的多半不是什么大事,而是你们每一天的互动。真正重要的是我们每天为彼此做的一些用心的小事,而非什么惊天动地的大事。为对方做一些小事,经常去做。要做到这一点,你就得时时刻刻把对方放在心上,当你们在一起的时候,全心全意为他付出。一种方法就是想一想你希望他为你做些什么,那么就为他做同样的事。你希望他牵着你的手吗?那你就去牵他的手。你希望他为你泡杯茶吗?那你就去为他泡上一杯。你希望他帮你的面包涂上黄油吗?那你就帮他涂好。想象一下你是他,站在他的角度思考,会让你变得更加善解人意。这些充满温情的小小举动会激励你的伴侣也为你做同样的事,而你们的婚姻关系会因此受益匪浅。

21 用肢体语言表达爱意

对于肢体的关注是我们交流思想的最好方式之一，因为我们大多数时候都通过身体语言来读懂对方。有研究表明身体语言占到沟通方式的 55%，有的甚至认为能占到 93%，但无论准确的数字是多少，反正占的比重很高。跟你的伴侣多一些身体接触吧，更多地触摸对方，牵对方的手或时不时给个拥抱。触摸是让人感觉亲密和关爱不可或缺的一部分，无论是牵她的手，还是用双臂环绕着她，或是按摩她的背。不间断地，每天有一些身体上的接触非常重要。

在这方面，我的父母就是个很好的例子。他们在一起已经快 50 年了，仍然用身体语言表达他们的爱，这简直令人难以置信。而身体上的联系帮助他们在情感上更加紧密地联结在一起。

有许多研究表明身体接触对于婴儿来说很重要，如果缺乏身体接触,他们会逐渐产生精神、身体或情绪上的各种问题。婴儿需要很多的身体接触,而这种需求并没有因为他们长大成人而减少——所以,尽可能多地让你们彼此用身体语言表达爱意吧。

22 分享你们的内心世界

　　每天抽点时间与你的伴侣沟通情感,和他/她分享那些超越工作和孩子这些现实问题以外的内心世界,即使每天只能有 10 分钟,你们也要让分享来填补情感上的空缺。

　　如果你们不经常填补情感上的空缺,你会发现你们那些表面的交流将成为一种习惯,你们会开始忽略彼此,甚至开始在婚姻关系中感到孤独。有一个方法可以让你认清是否已经疏远了你的伴侣,就是你发现你和朋友、母亲、姐妹甚至同事讨论你的婚姻关系,而偏偏不是那个你最该与之讨论的人——你的伴侣。

　　那么,每天睡觉前,不妨坐下来,花点时间和你的伴侣分享你们的感受。让彼此在情感上亲密交融并不用花很多时间,而这会极大地改善你们的婚姻关系。

23 玩在一起

在婚姻中，你们很容易被一些每天都必须做的事情牵绊，而忽略了那些最初吸引你们在一起的东西——其中之一就是你们共同的兴趣爱好和你们在一起的快乐时光。记得要常常玩在一起并且享受那份快乐。你们俩有什么共同的兴趣爱好可以一起去做呢？不必所有的爱好都一样，但是有一些共同的爱好会让你们联系更加紧密，也有助于维护你们的关系。你们得是彼此最好的朋友，一起参加一些活动，比如远足、网球、打牌、健身、旅行或者拼字游戏。那些可以帮助你们紧密地联系在一起，并且让你们的婚姻关系充满生机与活力的就是最健康的爱好了。

你或许会想，好吧，我们在一起养育孩子，或者我们在一起工作，但我指的不是这些。我说的是那些你不用带着压力去做的事，不是你"必须"做的事，不是你有义务去做的事,而是你们为了放松并且建立你们之间的情感纽带而去做的事,那才是真正的快乐。花时间在一起玩,享受没有孩子的二人世界,营造一个"无事"的空间,让事情简单、轻松、好玩。

24 倾听对方

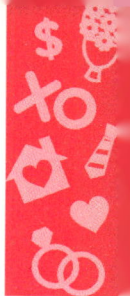

　　我和奥利每年的结婚纪念日都会玩这个游戏：我们相互提问，来检验我们两在过去的一年中有没有认真倾听对方。还记得第一年的问题是：我养的第一条狗叫什么名字？我最爱什么颜色？我的鱼叫什么名字？现在每年我们都会增加一些新问题：我的理发师叫什么名字？我今年最喜欢的电视节目是什么？今年我最喜欢谁的音乐？我们只是想确认一下平时是否能认真地倾听对方，注意到对方的这些小细节。

　　倾听是美满婚姻关系的基础之一。倾听有很多种，但只有一种非常重要并且应该一直这样去做：要认真听对方说的话，认真到你可以准确地重复出他/她说的每一个字。我这里说的准确，的确就是指一字不差。如果你用其他的字眼去大致概括对方的意思，即使你自己认为它们和对方说的很相似，你也会发现在你草率的翻译以后,意思已经不可避免地改变了。

你记得传话筒的游戏吗?嗯,那就是同一个概念。一个人在下一个人的耳边轻轻地说一句话,这句话轮流从一个人传到下一个人。当这句话到达第 10 个人时,就已经跟第一个人说的完全不同了!所以要认真地听你伴侣说的每一个字,这样才不会让他/她的意思在听的过程中被扭曲。

你也不要在倾听的时候不断地把对方的经历联系到你自己身上——这会把你的注意力从对方转移到自己。你应该听当下你的伴侣正说些什么,并且用他/她自己的语言向他/她重复他/她说的话,这样他/她才会感到你确实在认真听他/她说话。

人有两个耳朵一张嘴,我总会建议以这样的顺序来使用它们,因为倾听是婚姻成功的关键因素。当你的伴侣认真地听你说时,也会鼓励你更善于表达自己,更加坦率,你们之间的沟通也会更好。

25 比翼双飞

想象一下你看着天空,两只鸟儿正向着同一个方向比翼齐飞,那副美景最准确地描绘了一段美好的婚姻。你们不会飞得比对方高,也不会让对方落后。你们想要彼此独立,因为如果你们什么事情都一起做,也会变得沉闷,并且失去个人的空间,最后反而会厌恶彼此;你们也不想分开太久,失去需要沟通的时间。你们想要在一起,同时又拥有着属于自己的空间。

怎么来达到这个平衡呢?给对方一些空间去培养各自的兴趣和交际圈。有一些晚上或者周末不在一起过并没有什么错,事实上,让你的伴侣和朋友们出去是件好事,一帮男人或者女人的周末聚会可以非常有趣。没有一个人可以满足你情感上的所有需求,你的伴侣不可能给予所有你想要的,如果你这样要求他就太过分了,所以保持稳定的朋友圈子非常重要。如果我有一个星期不能跟哪个闺蜜好好地聊上一阵,我就会觉得有点失落和孤独。我的丈夫也需要花时间待在他男人的圈子里,比如跟朋友打场高尔夫,喝杯啤酒或者好好聊聊。

虽然有共同的兴趣爱好很重要,但有些不一样的爱好也非常健康。我喜欢占星学和瑜伽,我丈夫则热爱音乐。在音乐方面我可谓一窍不通,我顶多知道我喜欢什么样的声音(他很幸运,开车的时候是由他来创建音乐播放列表,对于我们听什么,他有着绝对的发言权)。而另一方面,他对占星学知之甚少。实际上,他喜欢我在睡觉前跟他讨论占星学,因为这可以帮助他很快入睡!

女人们,记住,你不在的时候,男人会更爱你。所以当他们说要跟哥们儿一起出去过个周末,那就祝他玩得开心,他们会回报给你更多的爱。男人们,下次你们去打高尔夫或者滑雪的时候,看看我猜得对不对。

我的意思就是,不要压抑对方,相信对方总是在为你守候,也要给彼此一些空间,让灵魂得以释放。

26 激发出彼此最好的一面

如果你们都觉得已经把彼此最好的一面激发了出来,那么你们的婚姻关系很不错。你还记得电影《尽善尽美》(*As Good as It Gets*)吗?影片中主演杰克·尼科尔森(Jack Nicholson)告诉海伦·亨特(Helen Hunt),为什么他认为他们俩应该在一起,他是这样说的:"你让我想成为一个更好的人。"没错,这就是我在这里想说的!

你会知道你是否和对的人在一块儿,因为和他/她在一起时你会希望为他/她成为一个更好的男人或更好的女人。我们的一个朋友约翰曾经历一场马拉松式的恋爱。虽然我们真的很希望他能有情人终成眷属,但是我们也注意到,他们这一对确实没有把彼此最好的一面引导出来。我丈夫反而很担心约翰会结婚:他不觉得约翰和他选择的那个女人在一起时希望自己成为一个更好的人,而那个女人也不是。他们鼓励对方酗酒、抽烟和依赖药物,我们发现他们之间的关系没有活力。而最终,他们真的分手了。

　　我和我的丈夫都认为,在我们的婚姻关系中,我们已经把彼此最好的一面激发了出来。当我刚开始跟我丈夫相处的时候,他总会说我对自己过于苛刻。随着时间的推移,我开始慢慢对自己变得宽容,那意味着我会时不时去做个按摩,买件新上衣,或者大白天去看场电影也不觉得愧疚,而在以前,我总认为自己必须每天工作满8个小时。他让我变得更加懂得享受自由,甩开那些死板僵硬的生活方式,因为我想要为他变得更好。另一方面,他也改变了很多……他不再像他原来那样过着疯狂的摇滚歌手的生活了(他说不让我再透露更多的细节啦)!

　　这一切并不意味着你要试图去"改变"你的伴侣,而是我们每个人都隐藏着不可思议的潜能,美满的婚姻会把我们最好的一面都激发出来。努力用这种方式去鼓励你的伴侣,让对方也用同样的方式鼓励你吧。

27 一定要沟通

沟通是让你们婚姻美满的关键所在。

一定要沟通，这样你们才不会对过去的事情耿耿于怀。如果你把一些不开心的事埋藏在心底——即使是鸡毛蒜皮的小事——也会因日积月累而变成大事。最后，这些你积压在心里的不满会在不知不觉中层层叠叠累加在一起，在你还没有意识到之前，一块砖就变成了两块、三块、四块，越来越多，直到在你们之间筑起一堵厚厚的墙。

一定要沟通，你们才不会带着对彼此的怨气去睡觉，才能睡得安稳。

一定要沟通，你们才能与伴侣每时每刻保持新鲜感。如果你们意见有分歧，要就事论事，不要把陈年旧账都翻出来。

一定要沟通，你们才不会觉得有必要冷战。冷战说明了你还没有很清楚地对你的伴侣表达出自己的想法，并且正在为这些没有讨论过的事情烦恼。把问题说出来，开诚布公地进行沟通，这样你们才能一起去解决。

28 遵循自己的原则

　　在你们的婚姻关系中,要遵循自己的原则,做你们自己认为对的事,而不是这个社会认为对的事。要做到这点有时候很难,但是不去在意社会的普遍规则很重要,因为社会大众只会认同一种生活方式或者一种关系是对的,而这对你和你的婚姻来说并不一定就合适。

　　当我和奥利在一起以后,我们很快就发现,我们在白天的时候非常默契,而到了晚上简直水火不容。他习惯于就睡几个小时,并且睡着以后呼噜打得震天响,而我需要睡满8个小时,并且我是个睡得很浅的人。我们生活在一起的前6个月尝试了市场上所有治疗呼噜的器械,以及各种品牌的耳塞。但是不管用,后来我们俩都因为缺少睡眠而痛苦不堪。所以我们决定分开睡。虽然传统认为分房睡会影响夫妻性爱,让婚姻不幸福,而我们却觉得恰恰相反：当我们不用因为睡眠习惯相互折磨以后，我们的关系在各方面都得到了改善。我们为自己制定了完美的规则。

29 不要给对方抱怨
你的理由

你可能经常会听到说不要成为一个喋喋不休抱怨的人，但同一个问题在这里有着不一样的解说。我的意思是，不要给你的伴侣抱怨你的理由。如果你说了你会去做某件事，那就去做。不要因为你老是拖拖拉拉而让你的丈夫或妻子跟你反反复复说上 5 遍，最后反过来又说对方啰嗦，把你的责任推到对方头上，而其实是你自己没有遵守诺言。如果你不想做对方交给你做的事，那么一开始就应该说你不想做。如果你压根儿就不想去换机油，或是从地上捡起你的袜子，或是洗碗，或是报税，或是任何其他的事，就不要答应——想想其他的解决方法吧。但如果你答应了，那就要做到。

30 第一年的动荡期

　　大家普遍都以为结婚第一年是蜜月期,但新婚夫妇往往会失望地发现,这第一年比他们预想的要难熬。如果你们婚姻的第一年常有些磕磕绊绊,用不着觉得惊讶。

　　第一年不够稳定有几方面的原因:一方面,你们会不断试探对方的底线,看看相互的容忍度到底有多大;另一方面,你们都需要慢慢开始习惯理想和现实之间的差距,就是你幻想中的另一半和现实中那个人之间的差距。无论你们多爱对方,你们都不可能预料到在一起的日常生活会是个什么样子。你们会发现,你原来想像中的那个人,和最终真正走进婚姻殿堂的那个人,可能很不一样。

　　第一年的婚姻是对现实的考验。在你脑海中,把你幻想的另一半和现实中与你同在一个屋檐下的那个人联系在一起,这的确需要时间。你应该抛开幻想,面对现实,越快越好,因为一直生活在幻想中会带来很多的压力和失望。你越快开始欣赏现实中的伴侣,就能越早让你们的婚姻关系度过动荡期。

　　我和奥利结婚的第一年要比现在不稳定得多。我还记得我们去斯里兰卡度蜜月。奥利正在闹头疼,他的胃也不舒服,而且因为睡得不好脖子还落枕。我看他走得很慢,几乎是在一瘸一拐,因为他浑身上下都难受! 看他一手扶着头,另一手捂着肚子,我记得当时心里忍不住犯嘀咕,"哦,天哪! 这就是我嫁的人吗?"我之前一直以为自己会嫁给一个运动员呢! 当然有很多地方——确实有很多地方——让我爱着我的丈夫,但在那一刻,理想和现实冲撞着,我必须花点时间来调整自己的心态,不断回想并且感激我丈夫那些优秀的品质:那些我爱他,并且从未想像到的那一切!

31 留心你的说话方式

　　跟伴侣相处的时候要注意你的说话方式,不然很容易在不知不觉中伤害到对方。你可能受父母或者其他人影响而习惯的某些说话方式会损害你们的关系,并且激怒你的伴侣。总是使用一些决定性的语言对你们的婚姻关系没有好处。

　　避免对你的伴侣说"必须"、"一定"或是"应该"去做什么。这样的话语暗示着对方没有任何选择的余地,这真的会激怒对方,因为没有人喜欢被指使或是强迫着去做事情。尝试使用"你可以"、"你可能会希望"或者"你可能会选择"等类似的字眼,同样能表达一个意思,但这样的措辞给了你伴侣一个选择的机会,所以对方会有完全不同的反应。你会发现如果你注意自己的言辞,改变你一贯的表达方式,你会得到对方非常不同的回应。

　　没有人喜欢被指使着做这做那,所以留心你要说些什么,怎样去说,对方又如何反应。即使你觉得你是站在关爱对方的立场上来说这些话,听起来也不一定是那么回事,因为你的措辞、你的身体语言和你的语气不一定都对。

决定性语言

例:必须,应该,一定

身体语言往往包含不耐烦和傲慢的神情,手指着对方,带有生气的态度。

非决定性语言

例:可以,可能希望,可以选择

身体语言是关注的、直接的,但毫无威胁性。

试试看哪些字眼能让你的伴侣欣然接受,哪些又容易惹恼对方,记得在相互沟通的时候留心你的措辞。

另一方面,除非你的伴侣非常善于言辞,否则他们也可能会使用一些决定性的语言,因为他们不懂得如何用最细致和关爱的方式来表达自己所想。如果是这样的话,你要温柔地告诉对方你的感受,讨论一下使用哪些措辞更能让你接受。这样你们在沟通中就能够更加尊重和信任彼此。

32 对错又何妨

当你们有分歧的时候,试问你自己,是坚持自己是"对的"更重要,还是你们的和谐关系更重要。如果你觉得自己是"对的"更重要,那么长此以往,你们的关系破裂也就没什么可惊讶的了。如果你觉得你们的关系更重要,那就努力让不愉快烟消云散吧,试试"输掉一场战斗,而赢得整场战役",虽败犹荣。

如果你去看看那些小孩子们怎么在一起玩耍,你会发现他们首先想的是快乐,而不是对与错。我的儿子朱达,玩耍时可能也会跟其他孩子吵嘴,但即使是别的孩子错了,他也会很快就忘到九霄云外,因为对他来说,玩得开心可比记仇重要多了。

不幸的是,当我们长大以后,往往就忽略了这一点。但下次如果你为了"自己是对的"而耿耿于怀,就向孩子们学习吧,选择快乐,而不是非得每次你都是对的。

33 每月开例会

你们的感情会随着时间的推移慢慢成长,你和你的伴侣会共同努力,营造一段你们彼此都渴望拥有的婚姻。那么你们是如何设想 5 年、10 年、25 年以后的婚姻生活的呢?

想象一下你们的婚姻是行驶在旅途中的一架飞机,你和你的伴侣正驾驶它从 A 地飞往 B 地。你们怎么知道你们始终都在既定的轨道上呢? 你们作为飞行员,有一条既定的航道要遵循,你们应该尽可能地不偏离航向。当飞机偏离航道时,你们应该检查仪表盘上的数据,了解飞机现在所处的位置,并让它尽快回到正常的航道上来。同样的,你也应该要准确地知道婚姻关系中你们所处的位置,这样才能让你们的关系始终处于正轨。

要做到这个有很多方法,其中一个就是定期开会,一周一次,一个月一次或者一季度一次,或者就是当你们觉

得有需要的时候。花上半个小时,不要打断对方,话题包含以下要点,你们轮流发言:

1. 我最爱你的就是……

2. 最近你为我做的我最喜欢的事情是……

3. 我想我能为改善我们关系做到的是……

4. 我想我们能一起为改善我们关系做到的是……

5. 为了让我们更亲密,我希望……

这样,在你们偏离航向太远之前,你们就能让飞机回到正确的轨道上来——并且享受这一路愉快的旅途!

34

伴侣比孩子更重要

永远要把你们之间的关系放在比你们和孩子的关系更重要的位置。因为如果你们的孩子看到父母非常幸福、充满关爱并相处和谐，他们也会感到快乐和安全。

一旦你把孩子摆在比你伴侣更高的地位，你就忽略了一个重要的事实，那就是孩子是通过观察你怎么做，看父母之间如何交流来学习的，而不是听你怎么说。你和你的另一半是人生旅途上的伴侣，而你的孩子将来也会有他们自己的路要走。你的工作是养育他们，并且为他们终有一天要离巢单飞做好准备。你给了他们不离不弃的港湾，也要给他们飞翔的翅膀。

如果你始终关注着让你们的婚姻美满，那么你们的孩子也会很出色。如果你单单关注你的孩子，而让你们的婚姻偏离了正轨，那么你就是在拿孩子所需要的精神根基来冒险,而且你的孩子很可能会在未来重蹈你的覆辙。当你把孩子的地位放在彼此之前,你们的关系和整个家庭关系都会不可避免地出现问题。

35 以身作则

作为夫妻,你和你的伴侣在各方面都会成长和改变。除了激励对方变成更好的人以外(参阅第 26 章),通过每天的行为举止,你们还会对彼此产生深刻的影响。即使开始的时候你们有着很多不同的兴趣和生活方式,你会发现久而久之,你们逐渐培养出了很多共同的爱好,这就可以看出你们对彼此的影响有多深。

在美满的婚姻中,你们各自积极的生活方式会影响对方,而另一个人也并不抗拒,这常常在不知不觉中就发生了。你仅仅用亲身示范的方式,就可以对你的伴侣起到积极的影响,而不用诟病对方的生活方式,也不用刻意向她/他宣扬。比如,我喜欢运动和瑜伽。奥利在遇到我之前从来不运动,但当他看到我如何照顾自己的身体,看到我上完瑜伽课多么放松之后,他也决定向我学习并且保持好身材。所以现在他雷打不动地定期健身——而我从来没有要求他这样去做哦！这种影响是双向的。奥利一直认为了解新闻时事是头等大事，而我以前可能会几个月一直都看些娱乐快报，对时事不闻不问。但是在他的影响下，我现在每天一早读的就是 BBC（英国广播公司）的新闻。

所以当你看到你的伴侣正在做一些对他/她的思想、身体或精神有益的事，不要抗拒，跟着他/她一起做吧。有很多原因让你们在一起，其中一个就是让彼此敞开心扉，引领对方更好地生活。

36 找一对模范夫妻做榜样

　　要创造美满的婚姻，你们至少要有一个可以模仿的榜样。找到这样一对夫妻，他们有着相同的价值观，他们相爱并且尊重对方，他们很快乐，他们真心为彼此付出，他们平等相待，就像最好的朋友。可能你会以你的父母为榜样，但未必一定要这样——没有这个必要，可能你的祖父母有着这样美满的婚姻，或者伯伯和姨妈，或者你的朋友，甚至你们的邻居，都可以。

　　如果你还是找不到，那么就注意那些有名的模范夫妻。尽量避免选择一些让你看不真切的社会名流，可能你会渴望拥有像奥巴马或者盖茨那样的婚姻，但如果能以你们认识的夫妻为榜样会简单很多，离你们家越近越好。我们每个人，不管从哪里来，总应该会了解某段可以模仿的美满婚姻吧。

　　如果你的父母很幸福，那就观察并且学习他们如何相处。他们有什么让婚姻美满的秘诀也能适用于你们？哪些地方你在自己的关系中可以处理得更好？同样地，如果你成长在一个离异的家庭，你也可以从你父母的错误中汲取教训，找到你可以改进的地方。

　　我的父母现在还是很幸福地生活在一起，我自己也会学习他们关系中一些很重要的经验并应用在自己的关系中。从孩提时起，我就留心观察他们在一起相处的方式。我注意到，他们永远都是把彼此放在第一位，然后才是我们这些孩子；他们总是站在统一战线，互相支持，有时候甚至"牺牲"我们的利益。我几乎从来没有看到他们有大的争吵，他们总是相互鼓励，告诉对方他们看起来有多美。

　　当我自己结了婚，我就把他们关系中我喜欢的部分运用到自己身上，忽略那些我希望能做得更好的。那么，你们希望模仿哪对夫妻呢？怎样模仿呢？

37

别让坏心情影响
你们的关系

　　我的丈夫喜欢吃乳蛋饼中间的馅，而我爱吃它的皮；他不爱运动，而我喜欢；他精通音乐，而我知之甚少。你和你的伴侣会有很多不同，这真的没什么大不了，只要你们依然感到亲密——而这种亲密的感觉往往取决于你的心情。

　　毋庸置疑，当我丈夫心情好的时候，他认为我很忠诚；而当他心情不好的时候，我的忠诚在他看来就是固执。当我心情好的时候，我认为我的丈夫是个乐观的人；而当我心情不好的时候，他的乐观在我看来就成了不切实际的空想。心情不好的时候，我丈夫会觉得我很武断；而心情好的时候，他会认为我表达能力超群。

　　当你心情好的时候，你会更加乐观和轻松，你会觉得跟你的伴侣更加亲密和默契——那时你们对音乐的品味不同就算不上是什么问题，并且你还会因为他把乳蛋饼的皮留给你而感激他。而当你心情不好的时候,你会倾向于负面和悲观,你会觉得你们没那么亲密和默契。你的心情的确会改变你的看法。留意你的心情对你们关系的影响,正确的心态会让你对伴侣的看法和你们之间的互动产生非常积极的变化。

很多年前,我在英国参加了一个渡火(Fire Walking)的培训,在那里我们一组人要赤脚从一个 12 英尺长的灼热的炭火层上走过去。我们花了好几个小时来学习怎么走以及这背后的心理学逻辑。学习完后,我们排成队,准备踏上这条火之路。当轮到我的时候,恐惧一下子攫住了我,我惊慌地逃到队伍的最后,让比较勇敢的人先走。下一次又轮到我的时候,我还是被恐惧吓倒,又怯懦地回到队伍的最后。第三次排队的时候,我集中精力把自己的害怕转变为兴奋,等再一次轮到我的时候,我已经准备好了。这一段在火上行走的经历真是令人难以想象,我兴奋极了,以至于我又去走了两次!

在这两种情况下——当我充满恐惧和把恐惧转化为兴奋的时候——我都有同样的生理症状:手心出汗,心跳加快,口干舌燥,呼吸急促等。那最大的区别在哪里呢?我的想法。想法永远在情绪之前,是它产生了情绪,而你的想法能切切实实地改变你的感受。在这个例子中,我需要时间来整理自己的想法,从而改变我的态度。

兴奋还是害怕? 心情愉快还是糟糕? 你的情绪和心态会因为你的想法而改变。如果你心情好,你会感到亲密和关爱,你会觉得你的伴侣什么都没错。如果你心情不好,你就会更容易争执,而此时的争吵就会成为灾难的导火索。

所以下一次你想要挑剔你的伴侣做了或是没做什么,说了或是没说什么的时候,先想一想你正处于什么样的心情状态,假设你心情好,你会不会有完全不一样的反应。如果是这样,那就让这事儿过去吧。忍一忍,让你负面的想法和情绪像往常一样烟消云散,任何问题都留到你心情更好的时候再说吧——这样,你们才会越来越亲密,而不是日渐疏远。

38 了解你的伴侣

　　你的伴侣应该是你最亲密的人，但你对他了解多少呢？

　　每年你都要花点时间去浏览一下你伴侣最喜欢的那些网站，看看他都在关注些什么，或者读一本他最爱的书，看一部他最爱的电影，或是对他的某项爱好表示一些兴趣，并不一定要亲身参与其中，比如对方喜欢高尔夫，就读点有关高尔夫的杂志；对方非常关注股票市场，那就也去试着学习一点这方面的知识。你越了解你的伴侣，他就会觉得与你越亲近，他会非常高兴地看到你努力融入到他的世界中。

　　找一个晚上，好好做顿晚饭或者一起出去散步，问问对方下面的这20个问题，看看你们了解对方多少。每一个问题都是问你关于对方的一些事，所以可以轮流提问和回答。这是个很有趣的方法，可以看看你们对彼此有多了解,也可以有机会更深入地了解对方!

1. 如果可以花 1 万美金买一样奢侈品,你的伴侣会买什么?

2. 你的伴侣最担心的是什么?

3. 你的伴侣生活中最热爱的是什么?

4. 你的伴侣最擅长做什么?

5. 你的伴侣最喜欢什么动物?

6. 如果你可以给对方买辆车,他/她会喜欢什么类型的?

7. 你的伴侣最希望邀请哪三个名人(不管是否还在世)来家里做客?

8. 你的伴侣最喜欢哪三个乐队?

9. 你的伴侣最喜欢的三部电影是什么?

10. 如果要搬去一个不同的国家,你的伴侣最希望生活在哪里?

11. 一顿饭中,你的伴侣最喜欢的三道菜组合是?

12. 你的伴侣最不爱吃的东西是什么?

13. 你的伴侣最喜欢的课程是什么?

14. 你的伴侣最喜欢的三本书是什么?

15. 在学校里,你的伴侣最喜欢的学科是什么?

16. 你的伴侣最喜欢哪三个网站?

17. 你的伴侣最喜欢的放松方式是什么？

18. 哪首歌能让对方想起你们的初次相遇？

19. 你的伴侣小时候最喜欢做什么？

20. 生活中你的伴侣最重视的是什么？

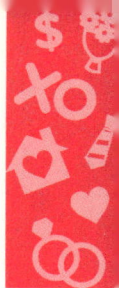

39 不要在孩子面前吵架

　　尽量不要当着孩子的面吵架。记住,孩子会把什么都看在眼里。即使你们很快就和好如初,你们俩的争吵也会在孩子心灵上留下极大的震撼,尤其是尚且年幼的孩子。

　　如果你预感到争吵即将来临,可以这样做:走出房间,在孩子听不到的地方继续;如果这在当时的状况下不可能做到,那么就此打住,过后有机会再继续讨论。

　　如果你们的孩子已经看到你们争吵,那就要用聪明的方式跟对方争辩。保持冷静,倾听对方的观点,找到你们想要的共同点,并且充分考虑到对方的需求,然后达成彼此都满意的结果。这样你们就为孩子树立了好的榜样,通过你们的亲身示范,教育孩子可以在互相尊重的基础上处理矛盾,并且迅速解决问题。记住,你们的孩子会学样:你们怎么吵架,孩子就会认为凡是吵架就应该这样。如果你们都大喊大叫,完全不听对方,你会发现等孩子长大,他们会认为这样争吵才是正常的,所以也会在他们的婚姻关系中重蹈覆辙。

40 决策一致

在孩子的问题上做决定时，永远要团结一致，表现得像一个整体。即使有时候你们意见存在分歧，永远都不要当着孩子的面在他们的问题上产生争执，而要私下里再讨论这个问题。当你们达成一致以后再告诉孩子你们的决定，你们必须始终是统一战线。

如果你们的孩子看着你们积极地相互合作，他们会在更多的安全感中成长。即使有时候你们并没有做出最好的决定，但让孩子看到你们像一个团队一样默契合作更加重要，这是决定一个孩子自信程度最重要的影响因素之一。当然你们在抚养孩子的问题上可能经常会意见不一，这个时候你们应当一起去解决，这样你们作为父母，在孩子面前始终都能意见一致。

41 解决睡眠问题

如果你和你的伴侣醒着的时候相处很融洽,而睡着的时候很糟糕,怎么办? 你们中的一个脑袋刚挨上枕头就能熟睡得像个婴儿,另一个呼噜打得震天响,或者是个夜猫子,喜欢在晚上晃来晃去或是上网看电影,你会怎么办?

在我遇到我的丈夫奥利的头几个月,我简直被在茫茫人海中能找到彼此的这个奇迹冲昏了头脑,而忽视了我持续失眠的事实。然而,在相处了 6 个月的时候,我开始意识到,他的呼噜和他的睡眠习惯对我来说简直就像有些监狱里使用的刑具一样可怕。

如果你和你的伴侣睡眠很融洽,如果对方睡着了很安静,如果他不会在半夜把你吵醒,你们睡着了也能非常默契,那真的很好。但如果不是这样,那么也不要绝望——你不是一个人在战斗。有研究表明,大约 45% 的男人和 30% 的女人会经常打呼噜,而这会引起婚姻关系中的大问题,轻者婚姻关系不和谐,重者导致离婚——因为这不只是会引起那个不打呼噜的人失眠,你们俩都会失眠。睡眠不足会让你们变得急躁,在白天也不能清醒地思考,还容易发脾气。卧室会因此成为战场和一个完全不和谐的地方。

因为某些原因,"你们怎么睡"成为了避讳的话题,而其实不应该如此。有很多方法可以让你们更加亲密地在一起。但是首先,你必须去发现问题的源头在哪儿,然后才能对症下药。

如果你打呼噜

首先,不要否认你打呼噜。如果你的伴侣说你打呼噜,他们可不会信口胡说。与其从心理上抗拒或者心生不满,不如尽快找到一个对你们都合适的解决办法。

如果你是个选择性打呼噜的人,也就是说,你并不是每晚都打呼噜,那么你可能是因为晚餐的时候吃了什么让你过敏的东西才导致你打呼噜,比如乳制品。很多人都对乳制品过敏,但因为他们并没有极端的反应,所以自己不知道而已。如果你发现吃了含牛奶成分的食品之后会感觉鼻塞,那就意味着你有轻微的过敏症状。如果是这样,晚上就要避免吃奶酪、黄油、奶油甜点、酸奶或冰淇淋。你可以用谷类食物来代替,看看有没有效果。

晚上喝酒也会引起打呼噜。如果你可以戒酒,那就最好。然而，如果读到这里，你的第一反应是"你真是疯了，那肯定不可能"，那你就要尝试去发现到底是哪一种酒会让你打呼噜，喝多少会打呼噜。你可能会发现你喝一杯白葡萄酒没事，而喝红酒就不行。

避免在睡觉前三小时内吃得太多。不要吃某些会引起鼻炎或是鼻腔收缩的食物。如果你太胖，或是吸烟，或是吃某些处方药，都可能会引起打呼噜。

不断试验，找到解决方法

一旦你排除了过敏、睡眠呼吸暂停或是呼吸道问题（咨询一下医生来确定你是否属于这三种情况），那么你就可以试验市场上那些不断推陈出新的抑制鼾症的产品了，比如鼻腔喷雾剂、止鼾贴片、牙科器材、咽喉喷雾剂、口罩、枕头甚至手术都是值得去尝试的方法。你要试验各种方法和设备，看看哪种有用。

我和奥利经常旅行。如果你问他，他会开玩笑说因为他打呼噜，才有特权睡在一些世界顶级酒店的走廊或是大壁柜里！确实是那么回事，直到我们总算发现了行之有效的对策：那就是综合运用口罩、耳塞、滴鼻液，不吃乳制品，不喝红酒以及止鼾贴片。

现在，我不能让他每天都遵守这样的生活规则，因为他喜欢那些食物，我也不愿意让他觉得受到限制而不能自由地做他自己，所以我们只会在一起出去旅行的时候运用那种方式。我们有另一套适用于每天的策略，也就是我的下一个建议。

分房睡

　　这有点标新立异，但是我和奥利都认为分房睡拯救了我们的婚姻（见 28 章）。如果你和你的伴侣因为各种原因无法达到睡眠默契，导致你们俩都陷入失眠的痛苦，并且你们认为这已经影响到了长远的健康，那么可能，仅仅是可能，你们可以考虑一下分房睡。和传统观念相反的是，这样并不意味着你们性生活的结束，而是意味着你们俩都能比原来休息得更好并且更快乐。不是还常有人说：距离产生美嘛！

42 尝试理解，而不反对

在婚姻中，免不了有意见分歧的时候，但是你们可以用以下两种方式来处理分歧：你可以完全不赞同对方，或者你也可以试着从对方的角度去理解。

当你试着从对方的角度去理解，你就是在敞开心扉去接受一种新的思路，然后你可能会发现，你原来的思维模式也未必就是唯一的。当你们试着去理解对方时，你们必须畅所欲言，去发现对方是怎么想的，从而寻找到你们都能接受的折中方案。相反，如果你持反对的态度，你就会表现得挑剔、傲慢，并且主观地认定只有一种思路是对的——你的思路。所以下一次，你们有分歧的时候，试着站在对方的角度去理解，而不要马上反对。

43 风雨相携

　　你的伴侣不可能总是一帆风顺,你也一样。生活是一段旅程,也是一个不断平衡的过程,你们会在对方转变、疗伤和成长的过程中陪在彼此身边互相帮助,在困难的时候耐心地支持对方走过阴霾。

　　当你的伴侣经历挫折的时候,要让他知道你爱他并且会无条件地支持他,而你的伴侣也会为你做同样的事。在人生的旅途中,可以和对方结伴而行、同舟共济是一种荣幸。要耐心并且支持对方,而不要妄加评判,这样你们就能一起历尽风雨终见彩虹。不要恐慌并且无端猜疑自己会惹上什么麻烦——记住,你和这个人结婚是有原因的。相信你最初的那个决定,相信对方。

　　我的丈夫作为导演曾经获得过"英国奥斯卡奖"(British Academy Award),也得到过很多其他的荣誉,但在他移居美国以后经历了一段非常困难的时期。那几年中,他都没有稳定的工作。在那以前,奥利习惯于用工作来定义他自己,而这在当时就太难了,因为他只能断断续续地工作。那段时间,我要恐慌简直太容易了——时好时坏的工作,而且我还怀着孩子——但是我没有。我相信我丈夫的实力和奉献精神,我相信他很快就能重新站稳脚跟。

有趣的是,在他不上班的那段时间里,他变得更好了:他成为了一个了不起的父亲,他的精神世界变得更加强大,他开始更多地关注健康,他在很多其他方面都表现出了创造力。他也开始意识到,他不该用工作来定义自己。当他真正重新开始他的事业以后,他以一种更加成熟、创新和自信的方式去工作,因为在那段时间中,他经历了人生的蜕变。我想说的是,我们的生活由很多各种各样的元素构成,我们对于自己有着那么多值得去学习和发现的地方,我们的生活有着那么多方面应该去成长,无论是工作、婚姻、理财、个人发展、健康、友情、家庭、娱乐还是对社区的贡献。当我们在某一方面苦苦挣扎的时候,往往另一方面却在不断收获。所以,不要恐慌于你的伴侣生活受挫的方面,在他的人生旅程中支持他并且让他去成长。希望你们风雨相携,白头偕老。

44 别急着责备

有时候你和你的伴侣都会笨手笨脚或是粗心地做错事。无论是对方打碎了你最喜欢的盘子，还是撞坏了车，或是去机场的路上才发现忘了带护照，这些不幸常常发生，确实很烦人，但不要责怪对方（不管你当时有多沮丧），也不要落井下石，这真的很重要。他其实知道自己搞砸了，不需要你再往伤口上撒盐！

我清楚地意识到婚姻中如何处理相互指责这个方面，还是因为发生在我们宝宝身上的一件事。当时奥利正要把我们的宝宝朱达放进背带里，但是一不小心没抓牢，朱达摔了下来，头撞在了桌子上。奥利非常难过，他很自责。但这是个任何人都可能犯的错误。我本可以给奥利脸色看，并且因为他这么笨手笨脚伤了我们的孩子而责骂他（任何一位母亲看到孩子受伤都会难过）。但是我对奥利说："不要担心，这种事经常发生。"我的话消除了紧张的气氛。而且,确实没什么好担心的,朱达三分钟以后就好多了。

如果我去责怪奥利,对于我们的关系来说其实一点好处都没有,而且,这也于事无补。奥利已经很自责了,我也知道如果换了是我,也很有可能摔到朱达。反过来安慰奥利,他会非常感激他的妻子能理解他而不是责怪他。我很清楚地表示了我们是一个团队,这样的事换了我们当中任何一个人都很有可能发生。

下一次当你为了什么意外或者不幸的事要责怪对方的时候,要想到他可能已经很难过了,你再去责怪他,只会伤害到你们的感情。

处理经济压力

在我们的生活中,大多数人都免不了遇到经济上的压力。你或者你的伴侣可能会失业,或是在经济上遭受损失,或是长时间没有找到工作,导致入不敷出而产生压力。在婚姻关系中,钱往往是导致争吵的主要原因之一,在困难时期,不要让对于家庭经济状况的担忧对你们的健康和婚姻造成不利的影响。

这里有一些方法,可以让你们在面临经济不稳定的时候,巩固你们的家庭关系,并且改善你们的心理健康。

制定计划

如果你发现你们正处于需要勒紧裤腰带并且缩减开支的状态,那就一起坐下来好好看看你们都把钱花在了哪里。清楚地知道你们每周需要花多少钱,记得千万不要一味地指责对方。你们要像一个团队一样制定有效的财务计划。

做一个表格，详细地记录下你们家每个月的收入。制定一个预算，按照优先级区分你们的需求，哪些是生活的必需开支，而哪些是可以节省下来的。记住，钱是谁赚来的并不重要，你们是平等的，在家庭财政上有平等的话语权。你们俩都有权知道家里的经济状况以及钱花在了哪里。

你们都要记账，把你们俩一周的花销都写下来。从每周的第一天开始，到最后一天再来跟预算作比较。如果你们都达到了目标，那就奖励一下自己吧。

失业

如果你们中的一个失业了，那么你们要集思广益，想出能一起赚钱的方法，比如讨论一下有没有机会参加一些新的职业培训，积极地采取一些有助于你找到新工作的行动。

照顾你的健康

因为对于经济的担忧会影响到你的健康，要确保你能意识到自己的负面情绪，并且把你的感受说出来。抛开你的愤怒或是不满，给彼此做个按摩，出去轻松地散个步，做些运动，冥想，放松地沐浴，等等。记住，担心于事无补。所以只要你们已经有了计划并将其付诸实践，那就抛开压力，享受生活中的各种美好吧。

保持亲密和关爱

要保持对彼此的亲密和关爱。确保你们享受性爱，并且一起把生活过得更加有滋有味。尽量不要碰到一起就老是谈论你们的经济状况，不要让这占领了你们的整个生活，而是要分出一些时间来探讨经济问题，其余的时间就把它搁在一边。采取必要的行动来改变现有的状况，同时出去享受生活，因为经济压力总会过去的。

乐观一点，像一个团队一样去解决你们的经济危机，你们也会给孩子树立一个很好的榜样。记住，钱是很重要，但是你们的健康和家庭的和谐始终都是第一位的。

46 想象人生走向终点的时候

　　人们很容易为日常琐事忙得不可开交，而忽略了更大的愿景。为了把它找回来，你可以选个安静的时候，坐下来，拿支笔，拿张纸，在脑海中把你们的生活快进，想象一下当你们很老了，人生走向终点的时候会是个什么样子。

　　现在回想一下你的一生和你的婚姻，在你的脑海中回放。从站在生命终点的角度来看，你的感情中有没有一些瞬间，你希望当时能做得更好？在你想象着你回首往昔的时候，把你对下面这些问题的答案写下来：

1. 怎样可以让你更加明显地表达自己的爱，或是说更多鼓励的话语？

2. 怎样可以让你的时间过得更加充实？

3. 怎样才能成为一个更加体贴的倾听者？

4. 你们如何更加享受在一起的时间？

5. 怎样可以让自己不再过于被日常琐事而牵绊？

6. 怎样让你们的婚姻关系更加有趣和快乐？

7. 怎样才能更加深入地了解彼此？

8. 在你们的婚姻中,哪些事可以多做,而哪些事可以少做?

_____

_____

9. 在你们的婚姻中,哪些事让你觉得很庆幸你去做了?

_____

_____

10. 现在为了改善你们的婚姻,你会做些什么?

_____

_____

    可能完成这个测试后,你会意识到你对现在的生活非常满意,什么都不用改变。也可能你会意识到你需要去解决一些问题,或者从现在开始就作出一些改进,这样将来才不会遗憾。能从不同的角度来思考总是好的。把你自己置身事外来审视你们的婚姻,会帮助你对于自己在婚姻中如何表现作出新的决定。

47

计划你们的约会

你们结婚了并不意味着就不能——或是不应该——跟你的伴侣约会。事实上，定期地跟你的伴侣约会，会让你们的婚姻关系更加稳固，并且把你们俩联系得更加紧密。确保你们至少每周享受一个晚上的二人世界，特别是在你们有了孩子以后，晚上出去过二人世界会更难安排时更要如此。

再忙也没关系——不应该有任何借口，因为丈夫和妻子彼此紧密相连真的非常重要。所以想一些有意思的事情去做吧，计划一些晚上的约会，如果需要的话为宝宝安排一个保姆也行。为对方盛装打扮一下，不要在你们每周的例行公事中跳过这一重要的环节。当你们不再经常和对方享受浪漫，你们的婚姻也会陷入困境。所以去看场电影，或者出去吃顿饭，或者去喝一杯，或者无论你们选择做别的什么，像情侣一样出去约会吧！

48 看到杯子有水的那一半

看世界上的一切都有两种角度——看到杯子有水的那一半，或者看到杯子空着的那一半。对你们的婚姻来说，培养自己总是能看到杯子有水的那一半这样的心态尤为重要。

你要看到你们婚姻关系中美好的地方，而不是那些瑕疵。如果你天生就是那种看到杯子满的部分的人，那么这对你来说就很自然；但如果你是那种总是看到"一半空着"的人，那这个概念就会是个挑战。

从另一个角度看待这个问题：你总是把时间花在思考你们婚姻中的问题上呢，还是花在思考解决的办法上呢？如果你总是想着那些问题，你会发现你越来越倾向于纠结在一个问题上千万遍老调重弹，让这个问题变得越来越复杂。你会竭尽所能地捍卫你的观点，证明你是"对的"（见第4章）。关注问题是个漫长而耗费精力的过程,对你的健康有百害而无一利。这种看问题的方式会让你的余生笼罩在阴霾里,让你感到无助而缺乏信心。

但是问题总会有很多解决的方法,当你本能地去寻找解决途径而不是纠结在问题本身的时候,你的关注点就完全变了。你会想办法去创建联系的纽带,你会敞开心扉去接受好的见解,也使创造性地找到解决办法成为可能,这些都会让你感到充满力量。成为一个关注解决方案的人,需要保持冷静,并且能用创造性的眼光来看待问题。

所以,要关注你们之间美好的一面,有问题的时候想办法解决。脑子里要始终装着你们所拥有的,而不是你们没有的。关注问题是消极的,而关注解决方法才是积极的,永远都要看到杯子里装着水的那一半。

49 卧室风水

卧室是我们大多数人度过一生中三分之一时间的地方，是我们得以远离尘嚣、恢复活力的地方。如果我们在这里感觉和谐，那么我们也会以一种更加平和的心态面对外面的世界，这反过来也会影响我们一整天的状态，影响我们的精力，以及我们和别人沟通的方式。

这里有一些改善卧室和谐的方法：

1. 我的第一个建议就要是让卧室简单、安静和整洁。所以把那些旧东西都清理出去，让卧室环境变得井井有条。确保你不会把衣服随便乱丢，让房间变得温馨宜人。

2. 如果可以的话，尽量不要把过于刺激感官的东西放在卧室，比如电话、电脑和电视机。当你们亲密和睡觉的时候，什么都不应该打扰到你们。如果你没法把电视机搬出去，那就把它藏到柜子里，这样你就不用一直看见它,不看电视的时候可以收起来,而不用让它老是出现在你们神圣的空间里。也不要放太多的书在卧室,只要放一两本你正在读的就行了。这可以限制你的活动选择,确保没有什么能转移你的注意力,让你能专心在卧室里做你该做的事:性爱和睡觉。

3. 如果你要在卧室里摆照片,要保证是你们俩在一起快乐的照片。放你们父母、兄弟姐妹或是孩子的照片可不是个好主意,因为当你们亲密的时候,总感觉有家里的其他人盯着你,这种感觉可不太妙。

4. 如果你想要在卧室里悬挂一些绘画或是艺术品,要选择一些能让你放松的画面。大自然的绘画最合适,因为它们能营造一种宁静的氛围。你能在卧室中看到的所有东西都要有助于你放松,而不是刺激你。所以千万不要挂些战争场景的画!另外要用能让你放松的颜色来装点卧室,最好避免用大红色!

5. 有条件的话,在你们的卧室里放一些鲜花,因为鲜花会产生新鲜的能量,为卧室带来生机。或者可以在房间里放一株植物,它可以让空气清新,给空间带来生命力和成长力。如果你们铺地毯,植物也有助于减少地毯里的有害物质。

6. 卧室最好的位置应该在房子的后方,因为房子前面是各种活动的场所,而卧室则应该远离这些对着前门的迎来送往的活动。房子的右后方是个理想的位置,因为那个位置在西方风水学中是主感情和关系的位置,而左后方(主财运的位置——见《你的家庭有多幸福?》)也还不错。

7. 确保你们的床头抵着墙,这能让你在睡觉的时候有安全感,在晚上得到充分的休息,能有个床靠背的支撑就更好了。如果可能的话,不要让你的床靠着窗户,如果你没有选择,那就把百叶窗合上。

8. 你需要在最大可能的视线中看到你的整个房间,确保你躺在床上就能很容易地看到门,因为这会让你有一种万事皆在掌控的感觉。如果唯一能放床的地方在门的同一边,那就在门的对面立一面镜子,这样你躺在床上就能清楚地从镜子里看到走进来的人,就不必担心有人会悄悄地接近你。

9. 这个是我最喜欢的建议之一,因为它总会引起很多讨论:美国的特大号双人床的弹簧床垫是两块拼凑在一起的,这导致在床的下层有一个隐藏的缝隙,这是可能会影响你们感情的缺陷。你可以用很多方法来弥补它。你可以买个次大号床,或者你可以用一个红色的床单,放在弹簧床垫和褥子之间,然后想象这两块弹簧床垫融合到了一起,标志着你们感情和性生活的日臻和谐。

50 期待你们的婚姻日渐成熟

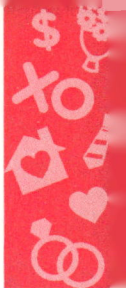

美满的婚姻关系会随着时间的推移不断成长进步。一年又一年,你们的感情也许看上去变得波澜不惊,但你们会让彼此越来越舒适和坦诚。不用担心:这其实是因为你们的关系进入到了更深的阶段,你们会更加紧密地联系在一起。

这种轻松的感觉来自于你不再需要显示你的个人权威,而是两人在一起经历成长的状态。这种轻松感让你变得更加富有创造力,也让你和你的伴侣都能在各自的领域平稳地进步和发展。这让我想起电影《阿凡达》中的一幕,杰克要找到属于他自己的坐骑——大鸟迪克兰(Declan)。一开始他得跟那只大鸟搏斗,而后来当他和大鸟建立了连接,他们就成为了一体,能够和谐地飞翔。婚姻也是一样:一开始可能双方都要抢占有利位置,而后感情逐渐加深,就能轻松相处。

当你们的感情平静下来,会容易让你觉得没有安全感,会怀疑你们的关系正停滞不前或是不再像过去那样热烈了,但是你要对此保持冷静,不要试图去找回你们最初阶段的感觉,而要让你们的关系自然发展。不用把你们之间的每一个变化都放到显微镜下审视。如果你试图找回最初阶段的感觉,只会徒增失望,因为感情中最初的兴奋感不会一直持续下去,而是会一波一波地袭来,让你感觉一次又一次地爱上对方。你也很可能会发现,随着时间的推移,你们的争吵少了,更容易觉得快乐。你对你伴侣的看法大多数都会是积极的,你们从更深程度上了解了彼此。有些人甚至会觉得性爱也不像刚开始在一起时那么重要了,因为你们已经学会用其他同样重要的方式表达亲密。慢慢地,你会发现跟你共度一生的这个人变得更好更成熟了,如同美酒佳酿,愈陈愈香。而你也一样。

你的婚姻有多美满？

现在是时候来看看你的婚姻到底有多美满了——以及怎样让它变得更加美满。根据你的测试结果,采纳以下建议,看看哪些小窍门最适合你和你们的关系。

1. 如果你回答:

A. 参考章节:3,4,5,6,9,11,12,14,15,17,18,20,22,23,24,26,27,29,30,31,33,34,35,36,37,38,39,42,41,43,44,45,46,47,48,49

B. 恭喜你们拥有健康美满的婚姻,请继续阅读其他章节,让你们的婚姻更加美满。

C. 参考章节:2,11,15,17,20,21,22,23,24,27,30,33,35,36,37,38,43,44,46,47,48,49,50

2. 如果你回答：

A. 恭喜你们可以有效地处理分歧，请继续阅读其他章节，让你们的婚姻更加美满。

B. 参考章节：3，6，11，15，20，21，22，24，27，33，37，39，40，44，45，46，47，48，49

C. 参考章节：3，4，5，6，7，12，15，17，18，20，21，22，24，27，30，31，32，33，37，39，42，43，44，45，46，47，48

3. 如果你回答：

A. 参考章节：13，15，17，22，27，30，31，33，44，47，49，50

B. 参考章节：2，6，15，17，22，27，31，33，36，37，38，39，43，44，46，47，49，50

C. 恭喜你们在婚姻中能很好地相互理解，请继续阅读其他章节，让你们的婚姻更加美满。

4. 如果你回答：

A. 参考章节：15，17，22，24，27，33，34，44，46，48，49

B. 恭喜你能对伴侣如此坦诚，请继续阅读其他章节，让你们的婚姻更加美满。

C. 参考章节：15，17，22，24，27，33，34，44，46，48，49

5. 如果你回答：

A. 恭喜你们能坦率地与对方谈论性爱，请继续阅读其他章节，让你们的婚姻更加美满。

B. 参考章节：2, 15, 17, 27, 33

C. 参考章节：2, 15, 17, 27, 33

6. 如果你回答：

A. 参考章节：2, 15, 17, 22, 27, 33, 49

B. 参考章节：2, 15, 17, 22, 27, 33

C. 恭喜你们都能满意性爱的频率，请继续阅读其他章节，让你们的婚姻更加美满。

7. 如果你回答：

A. 参考章节：2, 15, 17, 33

B. 参考章节：2, 15, 17, 33

C. 恭喜你们拥有充满新鲜感的性生活，请继续阅读其他章节，让你们的婚姻更加美满。

8. 如果你回答：

A. 参考章节：15, 25, 33, 46

B. 恭喜你们能达到完美的平衡，请继续阅读其他章节，让你们的婚姻更加美满。

C. 参考章节：15, 20, 23, 38, 47

9. 如果你回答：

A. 参考章节：3,5,6,7,12,14,15,24,27,29,31,32, 37,39,44,46,48

B. 参考章节：3,15,17,22,27,33,36,37,39,46,48

C. 恭喜你们懂得什么事情值得讨论,而什么事情就该让它过去,请继续阅读其他章节,让你们的婚姻更加美满。

10. 如果你回答：

A. 参考章节：3,4,6,7,11,15,18,22,24,27,29,31, 32,37,39,42,46

B. 参考章节：3,4,6,11,15,24,32,42,46

C. 恭喜你懂得在伴侣生你气的时候如何回应,请继续阅读其他章节,让你们的婚姻更加美满。

11. 如果你回答：

A. 恭喜你懂得轻松地原谅对方并且让事情尽快过去,请继续阅读其他章节,让你们的婚姻更加美满。

B. 参考章节：5,11,12,15,27,32,44,46

C. 参考章节：3,5,11,12,27,32,44,46,48

12. 如果你回答：

A. 参考章节：9

B．参考章节：9

C．恭喜你懂得如何处理这尴尬的状况，请继续阅读其他章节，让你们的婚姻更加美满。

13. **如果你回答：**

A．参考章节：3，11，13，15，20，22，23，24，26，27，29，36，38，46，47

B．参考章节：2，13，17，20，21，46

C．恭喜你为伴侣付出得恰到好处，请继续阅读其他章节，让你们的婚姻更加美满。

14. **如果你回答：**

A．参考章节：18

B．恭喜你们从不采用这种毫无益处的应对方式，请继续阅读其他章节，让你们的婚姻更加美满。

C．参考章节：18

15. **如果你回答：**

A．恭喜你们懂得如何把挫折转化为让你们更加亲密的机会，请继续阅读其他章节，让你们的婚姻更加美满。

B．参考章节：12，14，18，20，23，37，43，45，46，48

C．参考章节：1，12，15，18，20，21，27，33，39，43，45，46，47，48，50

16. 如果你回答：

A. 参考章节：11, 12, 14, 15, 20, 21, 22, 23, 26, 27, 33, 36, 37, 38, 46, 47, 48

B. 恭喜你们在分开一天之后有个健康的问候方式,请继续阅读其他章节,让你们的婚姻更加美满。

C. 参考章节：11, 12, 14, 15, 20, 21, 22, 23, 26, 27, 33, 36, 37, 38, 46, 47, 48

17. 如果你回答：

A. 参考章节：15, 25, 33, 38

B. 参考章节：15, 25, 33, 38

C. 恭喜你能理解你的伴侣需要时间跟他/她的朋友们相处,请继续阅读其他章节,让你们的婚姻更加美满。

18. 如果你回答：

A. 参考章节：3, 4, 5, 6, 7, 10, 12, 13, 14, 15, 17, 18, 20, 24, 25, 26, 27, 29, 32, 33, 35, 46, 49, 50

B. 参考章节：3, 4, 5, 6, 7, 10, 12, 13, 14, 15, 17, 18, 20, 24, 25, 26, 27, 29, 32, 33, 35, 46, 49, 50

C. 恭喜你们能把彼此最好的一面激发出来,请继续阅读其他章节,让你们的婚姻更加美满。

19. 如果你回答:

　A. 参考章节:13,14,23,24,26,33,35,38,46,47,48

　B. 参考章节:13,14,23,24,26,33,35,38,46,47,48

　C. 恭喜你们拥有许多共同的兴趣爱好,请继续阅读其他章节,让你们的婚姻更加美满。

20. 如果你回答:

　A. 参考章节:3,4,15,31

　B. 恭喜你能意识到自己的说话方式,请继续阅读其他章节,让你们的婚姻更加美满。

　C. 参考章节:3,4,15,31

21. 如果你回答:

　A. 恭喜你们懂得在婚姻偏离正轨的时候如何来巩固你们的关系,请继续阅读其他章节,让你们的婚姻更加美满。

　B. 参考章节:20,21,22,23,24,27,33,34,36,38,42,43,46,47,48,49,50

　C. 参考章节:20,21,22,23,24,27,33,34,36,38,42,43,46,47,48,49,50

22. 如果你回答:

　A. 参考章节:3,37,39,46

　B. 参考章节:22,27,37

C. 恭喜你不会让工作中的坏心情影响你们的关系，请继续阅读其他章节,让你们的婚姻更加美满。

23. **如果你回答:**

    A. 参考章节:28,41

    B. 参考章节:28,41

    C. 恭喜你们能拥有默契的睡眠,请继续阅读其他章节,让你们的婚姻更加美满。

24. **如果你回答:**

    A. 参考章节: 14,15,16,17,18,20,21,22,23,25,27,29,33,36,38,46,47,49,50

    B. 恭喜你们能共同进步和成长,请继续阅读其他章节,让你们的婚姻更加美满。

    C. 参考章节:3,6,12,15,20,21,22,23,31,32,33,34,38,43,44,45,46,47,48,49,50

25. **如果你回答:**

    A. 参考章节:2,17,34,39,40,47

    B. 参考章节:2,17,34,39,40,47

    C. 恭喜你们懂得每周一次约会的重要性,请继续阅读其他章节,让你们的婚姻更加美满。

致　谢

衷心地感谢我的父母成为我美满婚姻的主要榜样，并且给予我莫大的支持。感谢费尔 (Phil) 和尼克 (Nick) 的关心和鼓励。

感谢我的特约编辑萨拉·佩兹 (Sarah Pelz)，以及 Harlequin 的出色团队，正是你们的远见和眼光，才让"幸福生活 50 招"这套书得以诞生。特别感谢塔拉·凯利 (Tara Kelly) 和马克·汤 (Mark Tang) 参与书的装帧设计，以及莎拉·亚历山大 (Shara Alexander) 和整个营销团队的工作。

感谢热情、聪明和给予我支持的文稿代理人莎朗·玛芬 (Shannon Marven)、露西·林奇 (Lacy Lynch)、简·米勒 (Jan Miller) 以及 Dupree Miller 的所有同仁，你们的指导和支持是无可替代的。

我也要衷心地感谢《赫芬顿邮报》(Huffington Post)，

巴贝特·佩里(Babette Perry),斯考特·沃伦(Scott Warren),吕蓓卡(Rebecca)和乔尔·曼德拉(Joel Mandel),萨姆·费舍尔(Sam Fischer),P.J.夏皮罗(P.J. Shapiro),阿什利·戴维斯(Ashley Davis)和安德烈·罗斯(Andrea Ross)。感谢 Howhappyis.com 网站的所有工作人员,特别是乔恩·斯图尔特(Jon Stout)永无止境的创新,以及特里·凯利(Terri Carey)为大家的组织协调。

最后,当然要感谢我的丈夫奥利和我们的小天使朱达,他是我和奥利爱情的完美呈现。朱达,你这个最快乐的孩子,你是最棒的!